HERAKLIT

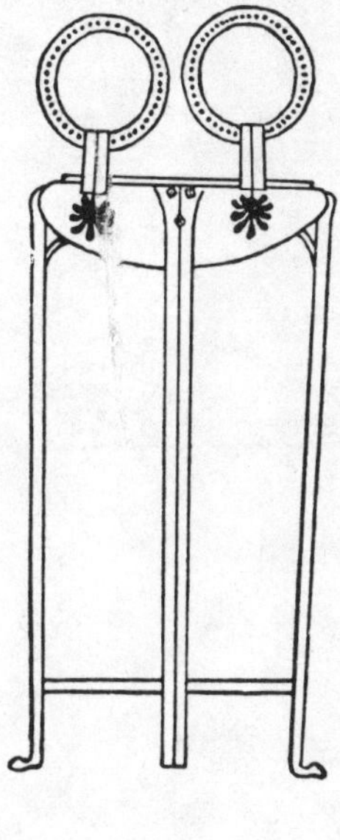

FRAGMENTE

GRIECHISCH UND DEUTSCH
HERAUSGEGEBEN VON BRUNO SNELL

HEIMERAN VERLAG MÜNCHEN

7. unveränderte Auflage 1979
Archiv 25 ISBN 3 7765 2033 7

Druck und Bindung: Kösel, Kempten

INHALT

Überlieferte Worte Heraklits 6

Berichte über Heraklits Lehre 40

Nachrichten über Heraklit 46

Nachwort 49

ΛΟΓΟΣ

Ἡράκλειτος Βλόσωνος Ἐφέσιος
τάδε λέγει·

Τοῦ δὲ λόγου τοῦδ᾽ ἐόντος ἀεὶ ἀξύνετοι γίνονται ἄνθρωποι καὶ πρόσθεν ἢ ἀκοῦσαι καὶ ἀκούσαντες τὸ πρῶτον· γινομένων γὰρ πάντων κατὰ τὸν λόγον τόνδε ἀπείροισιν ἐοίκασι, πειρώμενοι καὶ ἐπέων καὶ ἔργων τοιούτων, ὁκοίων ἐγὼ διηγεῦμαι κατὰ φύσιν διαιρέων ἕκαστον καὶ φράζων ὅκως ἔχει· τοὺς δὲ ἄλλους ἀνθρώπους λανθάνει ὁκόσα ἐγερθέντες ποιοῦσιν, ὅκωσπερ ὁκόσα εὕδοντες ἐπιλανθάνονται.

B 1

Διὸ δεῖ ἕπεσθαι τῷ ξυνῷ. τοῦ λόγου δ᾽ ἐόντος ξυνοῦ ζώουσιν οἱ πολλοὶ ὡς ἰδίαν ἔχοντες φρόνησιν.

B 2

Περὶ μεγέθους ἡλίου) εὖρος ποδὸς ἀνθρωπίνου.

B 3

Si felicitas esset in delectationibus corporis, boves felices diceremus, cum inveniant orobum ad comedendum.)

B 4

Καθαίρονται δ᾽ ἄλλως αἵματι μιαινόμενοι οἷον εἴ τις εἰς πηλὸν ἐμβὰς πηλῷ ἀπονίζοιτο. μαίνεσθαι δ᾽

ÜBERLIEFERTE WORTE

Heraklit, der Sohn des Bloson, der Ephesier, lehrt also:

Diese Lehre hier, ihren Sinn, der Wirklichkeit hat, zu verstehen, werden immer die Menschen zu töricht sein, so ehe sie gehört, wie wenn sie erst gehört haben. Denn geschieht auch alles nach diesem Sinn, so sind sie doch wie Unerfahrene – trotz all ihrer Erfahrung mit derlei Worten und Werken, wie ich hier sie eingehend auseinanderlege einzeln ihrem Wesen nach und erkläre, wie sich jedes verhält; den andern Menschen aber bleibt unbewußt, was sie im Wachen tun, wie was sie im Schlaf bewußtlos tun.

Drum tut es not, dem Allgemeinen zu folgen. Obwohl aber der Sinn allgemein ist, leben die Vielen, als hätten sie ein Denken für sich.

Die Sonne so breit wie ein Menschenfuß.

Wäre das Glück in leiblichen Lüsten, so hätten wir das Vieh glücklich zu nennen, wenn es Erbsen zu fressen findet.

Sie suchen Sühnung umsonst, indem sie mit Blut sich besudeln, wie wenn einer, der in Schmutz ge-

ἂν δοκοίη, εἴ τίς μιν ἀνθρώπων ἐπιφράσαιτο οὕτω ποιέοντα. καὶ τοῖς ἀγάλμασι δὲ τουτέοισιν εὔχονται, ὁκοῖον εἴ τις δόμοισι λεσχηνεύοιτο, οὔ τι γινώσκων θεοὺς οὐδ' ἥρωας οἵτινές εἰσιν. B 5

(Ὁ ἥλιος) νέος ἐφ' ἡμέρῃ . . . ἅπτεται καὶ σβέννυται. B 6

Εἰ πάντα τὰ ὄντα καπνὸς γένοιτο, ῥῖνες ἂν διαγνοῖεν. B 7

Τὸ ἀντίξουν συμφέρον . . . ἐκ τῶν διαφερόντων καλλίστην ἁρμονίην. B 8

. . . ὄνους σύρματ' ἂν ἑλέσθαι ἢ χρυσόν. B 9

Συλλάψιες ὅλα καὶ οὐχ ὅλα, συμφερόμενον διαφερόμενον, συνᾷδον διᾷδον, καὶ ἐκ πάντων ἓν καὶ ἐξ ἑνὸς πάντα. B 10

. . . πᾶν ἑρπετὸν πληγῇ νέμεται. B 11

Ποταμοῖσι τοῖσιν αὐτοῖσιν ἐμβαίνουσιν ἕτερα καὶ ἕτερα ὕδατα ἐπιρρεῖ· καὶ ψυχαὶ δὲ ἀπὸ τῶν ὑγρῶν ἀναθυμιῶνται. B 12

Ὕες βορβόρῳ μᾶλλον χαίρουσιν ἢ καθαρῷ ὕδατι. B 13

treten, sich mit Schmutz abwüsche. Für verrückt muß der gelten, bemerkt man nur, daß er dies tut. Auch zu den Götterbildern dort beten sie, wie wenn einer mit Häusern schwatzte und wüßte nicht, was Götter und Heroen in Wahrheit sind.

Die Sonne wird jung Tag für Tag … entzündet sich und verlischt.

Würden alle Dinge zu Rauch, mit der Nase wüßte man sie zu unterscheiden.

Das Widereinanderstehende zusammenstimmend und aus dem Unstimmigen die schönste Harmonie.

Esel mögen Spreu lieber als Gold.

Zusammensetzungen sind Ganzes und Nichtganzes, Einträchtig-Zwieträchtiges, Einstimmend-Mißstimmendes, und aus Allem Eins und aus Einem Alles.

Gott) hütet alles Getier mit der Geißel.

Steigen wir hinein in die gleichen Ströme, fließt andres und andres Wasser herzu. Auch Seelen dampfen herauf aus dem Feuchten.

Schweine haben am Dreck mehr Lust als an sauberem Wasser.

Νυκτιπόλοις, μάγοις, βάκχοις, λήναις, μύσταις· (τούτοις ἀπειλεῖ τὰ μετὰ θάνατον, τούτοις μαντεύεται τὸ πῦρ.) τὰ γὰρ νομιζόμενα κατ᾽ ἀνθρώπους μυστήρια ἀνιερωστὶ μυεῦνται. B 14

Εἰ μὴ γὰρ Διονύσῳ πομπὴν ἐποιεῦντο καὶ ὕμνεον ᾆσμα αἰδοίοισιν, ἀναιδέστατα εἴργασται· ὡὑτὸς δὲ Ἀίδης καὶ Διόνυσος, ὅτεῳ μαίνονται καὶ ληναΐζουσιν. B 15

Τὸ μὴ δῦνόν ποτε πῶς ἄν τις λάθοι; B 16

Οὐ γὰρ φρονέουσι τοιαῦτα πολλοί, ὁκόσοι ἐγκυρεῦσιν, οὐδὲ μαθόντες γινώσκουσιν, ἑωυτοῖσι δὲ δοκέουσι. B 17

Ἐὰν μὴ ἔλπηται ἀνέλπιστον οὐκ ἐξευρήσει, ἀνεξερεύνητον ἐὸν καὶ ἄπορον. B 18

Ἀκοῦσαι οὐκ ἐπιστάμενοι οὐδ᾽ εἰπεῖν. B 19

Γενόμενοι ζώειν ἐθέλουσι μόρους τ᾽ ἔχειν (μᾶλλον δὲ ἀναπαύεσθαι) καὶ παῖδας καταλείπουσι μόρους γενέσθαι. B 20

Den Nachtschwärmern, Magiern, Bakchen, Mänaden und Mysten (droht er mit Strafe nach dem Tode, prophezeit er das Feuer); denn die bei den Menschen üblichen Mysterien werden unheilig gefeiert.

Denn wär es nicht Dionysos, dem sie den Umzug machen und das Lied singen vom Phallos, sonst ist es ganz schamloses Treiben. Derselbe aber ist Hades und Dionysos, dem sie toben und feiern.

Wie kann man verborgen bleiben vor dem, das nie untergeht?

Denn viele sehn das nicht ein, soviele auch daran stoßen; belehrt man sie auch, sie erkennen es nicht – aber sie bilden sich etwas ein.

Wer Unerhofftes nicht erhofft, kann es nicht finden: unaufspürbar ist es und unzugänglich.

Die zu hören nicht verstehen noch zu sprechen.

Da sie geboren sind, nehmen sie auf sich zu leben und den Tod zu haben (– vielmehr auszuruhen –) und Kinder hinterlassen sie, daß neuer Tod geboren wird.

Θάνατός ἐστιν ὁκόσα ἐγερθέντες ὁρέομεν, ὁκόσα δὲ εὕδοντες ὕπνος. B 21

Χρυσὸν γὰρ οἱ διζήμενοι γῆν πολλὴν ὀρύσσουσι καὶ εὑρίσκουσιν ὀλίγον. B 22

Δίκης ὄνομα οὐκ ἂν ᾔδεσαν, εἰ ταῦτα μὴ ἦν. B 23

Ἀρηϊφάτους θεοὶ τιμῶσι καὶ ἄνθρωποι. B 24

Μόροι γὰρ μέζονες μέζονας μοίρας λαγχάνουσι. B 25

Ἄνθρωπος ἐν εὐφρόνῃ φάος ἅπτεται ἑωυτῷ ἀποσβεσθεὶς ὄψεις. ζῶν δὲ ἅπτεται τεθνεῶτος εὕδων, ἐγρηγορὼς ἅπτεται εὕδοντος. B 26

Ἀνθρώπους μένει ἀποθανόντας ἅσσα οὐκ ἔλπονται οὐδὲ δοκέουσιν. B 27

Δοκέοντα γὰρ ὁ δοκιμώτατος γινώσκει φυλάσσει . . . Δίκη καταλάψεται ψευδῶν τέκτονας καὶ μάρτυρας. B 28

Tod ist, was wir im Wachen sehen, was aber im Schlafe – Traum.

Die Gold suchen, graben viel Erde und finden wenig.

Des Rechtes Namen kennten sie nicht, wenn dies nicht wär (das Ungerechte?).

Im Krieg Gefallene sind bei Göttern geehrt und Menschen.

Größrer Tod erlost größren Lohn.

Der Mensch steckt sich zur Nacht (durch Berührung) ein Licht an, wenn sein Auge erloschen ist. Lebend rührt er an den Toten im Schlaf (im Schlaf ist er gleichsam angezündeter Toter,) wachend rührt er an den Schlafenden (ist er angezündeter Schlafender).

Die Menschen erwartet nach ihrem Tod, was sie nicht hoffen noch glauben.

Denn nur Ansicht ist, was auch der Angesehenste erkennt und behält ... Dike wird sie fassen, der Lügen Schmiede und Zeugen.

Αἱρεῦνται γὰρ ἓν ἀντὶ ἁπάντων οἱ ἄριστοι, κλέος ἀέναον θνητῶν, οἱ δὲ πολλοὶ κεκόρηνται ὅκωσπερ κτήνεα. B 29

Κόσμον τόνδε (τὸν αὐτὸν ἁπάντων) οὔτε τις θεῶν οὔτε ἀνθρώπων ἐποίησεν, ἀλλ' ἦν ἀεὶ καὶ ἔστιν καὶ ἔσται· πῦρ ἀείζωον, ἁπτόμενον μέτρα καὶ ἀποσβεννύμενον μέτρα. πυρὸς τροπαὶ πρῶτον θάλασσα, θαλάσσης δὲ τὸ μὲν ἥμισυ γῆ, τὸ δὲ ἥμισυ πρηστήρ ... θάλασσα διαχέεται καὶ μετρέεται εἰς τὸν αὐτὸν λόγον, ὁκοῖος πρόσθεν ἦν ἢ γενέσθαι γῆ.

B 30, 31

Ἓν τὸ σοφὸν μοῦνον λέγεσθαι οὐκ ἐθέλει καὶ ἐθέλει Ζηνὸς ὄνομα. B 32

Νόμος καὶ βουλῇ πείθεσθαι ἑνός. B 33

Ἀξύνετοι ἀκούσαντες κωφοῖσιν ἐοίκασι· φάτις αὐτοῖσιν μαρτυρεῖ παρεόντας ἀπεῖναι. B 34

Χρὴ εὖ μάλα πολλῶν ἵστορας φιλοσόφους ἄνδρας εἶναι. B 35

Denn es wählen Eins vor Allem die Edelsten – ewigen Ruhm unter den Sterblichen. Die Vielen aber sind satt wie Vieh.

Diese Weltordnung hier hat nicht der Götter noch der Menschen einer geschaffen, sondern sie war immer und ist und wird sein: immer-lebendes Feuer, aufflammend nach Maßen und verlöschend nach Maßen. Feuers Wende: zuerst Meer; des Meeres eine Hälfte Erde, die andere flammendes Wetter ... Das Meer zerfließt und erfüllt sein Maß nach demselben Sinn, der auch galt, bevor es Erde wurde.

Eins, das einzige Weise, läßt sich nicht und läßt sich doch mit dem Namen des Zeus (des „Lebens") benennen.

Gesetz ist auch, dem Willen eines Einzelnen zu folgen.

Sie sind wie taub: hören, aber verstehen nicht. Der Spruch bezeugt's ihnen: Anwesende sind abwesend.

Es müssen sehr wohl vieler Dinge kundig die Männer sein, die das Wissen lieben.

Ψυχῇσιν θάνατος ὕδωρ γενέσθαι, ὕδατι δὲ θάνατος γῆν γενέσθαι, ἐκ γῆς δὲ ὕδωρ γίνεται, ἐξ ὕδατος δὲ ψυχή. B 36

Sues caeno, cohortales aves pulvere lavari.) B 37

Θαλῆς δοκεῖ πρῶτος ἀστρολογῆσαι. B 38

Ἐν Πριήνῃ Βίας ἐγένετο ὁ Τευτάμεω, οὗ πλείων λόγος ἢ τῶν ἄλλων. B 39

Πολυμαθίη νόον οὐ διδάσκει· Ἡσίοδον γὰρ ἂν ἐδίδαξε καὶ Πυθαγόρην αὖτίς τε Ξενοφάνεά τε καὶ Ἑκαταῖον. ἔστι γὰρ ἓν τὸ σοφόν, ἐπίστασθαι γνώμην, ὁτέη κυβερνᾷ πάντα διὰ πάντων. B 40, 41

Ὅμηρος ἄξιος ἐκ τῶν ἀγώνων ἐκβάλλεσθαι καὶ ῥαπίζεσθαι καὶ Ἀρχίλοχος ὁμοίως. B 42

Ὕβριν χρὴ σβεννύναι μᾶλλον ἢ πυρκαϊήν. B 43

Μάχεσθαι χρὴ τὸν δῆμον ὑπὲρ τοῦ νόμου ὅκωσπερ τείχεος. B 44

Ψυχῆς πείρατα ἰὼν οὐκ ἂν ἐξεύροιο πᾶσαν ἐπιπορευόμενος ὁδόν· οὕτω βαθὺν λόγον ἔχει. B 45

Der Seelen Tod ist Wasser zu werden, Wassers Tod Erde zu werden; aus Erde aber gewinnt Wasser Leben und aus Wasser die Seele.

Schweine baden in Schlamm, Geflügel in Staub.

Thales war der erste Sternforscher.

In Priene lebte Bias, des Teutames Sohn, dessen Wort mehr Sinn hat als das der anderen.

Vielwisserei lehrt keine Vernunft; sonst hätte sie Hesiod belehrt und Pythagoras, auch Xenophanes und Hekataios. Denn das Weise ist das Eine: den einsichtsvollen Willen zu verstehen, der alles durch alles hindurchsteuert.

Homer verdient aus den Wettkämpfen hinausgeprügelt zu werden und Archilochos ebenso.

Vermessenheit ist zu löschen mehr als Feuersbrunst.

Kämpfen muß das Volk für sein Gesetz wie für die Mauer.

Der Seele Grenzen kannst du nicht ausfinden, auch wenn du gehst und jede Straße abwanderst; so tief ist ihr Sinn.

Τήν τε οἴησιν ἱερὴν νοῦσον (ἔλεγε καὶ τὴν ὅρασιν ψεύδεσθαι). B 46

Μὴ εἰκῆ περὶ τῶν μεγίστων συμβαλλώμεθα. B 47

Τῷ οὖν τόξῳ ὄνομα βίος, ἔργον δὲ θάνατος. B 48

Εἷς ἐμοὶ μύριοι, ἐὰν ἄριστος ᾖ. B 49

Ποταμοῖς τοῖς αὐτοῖς ἐμβαίνομέν τε καὶ οὐκ ἐμβαίνομεν, εἶμέν τε καὶ οὐκ εἶμεν. B 49a

Οὐκ ἐμοῦ, ἀλλὰ τοῦ λόγου ἀκούσαντας ὁμολογεῖν σοφόν ἐστιν ἓν πάντα εἶναι. B 50

Οὐ ξυνιᾶσιν ὅκως διαφερόμενον ἑωυτῷ συμφέρεται· παλίντονος ἁρμονίη ὅκωσπερ τόξου καὶ λύρης. B 51

Αἰὼν παῖς ἐστι παίζων πεσσεύων· παιδὸς ἡ βασιληίη. B 52

Πόλεμος πάντων μὲν πατήρ ἐστι, πάντων δὲ βασιλεύς, καὶ τοὺς μὲν θεοὺς ἔδειξε τοὺς δὲ ἀνθρώπους, τοὺς μὲν δούλους ἐποίησε τοὺς δὲ ἐλευθέρους. B 53

Wähnen ist wie Fallsucht und das Auge trügt.

Nicht leichthin wollen wir über das Tiefste urteilen.

Nun ist der Bogen dem Namen nach Leben, in der Tat aber Tod (Bogen = βιός, Leben = βίος).

Einer gilt mir zehntausend, so er am meisten taugt.

In die gleichen Ströme steigen wir und steigen wir nicht; wir sind es und sind es nicht.

Habt ihr nicht mich, sondern den Sinn vernommen, so ist es weise im gleichen Sinn zu sagen: Eins ist alles.

Sie verstehen nicht, wie das Unstimmige mit sich übereinstimmt: des Wider-Spännstigen Fügung wie bei Bogen und Leier.

Die Zeit ein Kind, — ein Kind beim Brettspiel; ein Kind sitzt auf dem Throne.

Krieg ist aller Dinge Vater, aller Dinge König. Die einen erweist er als Götter, die andern als Menschen, – die einen läßt er Sklaven werden, die anderen Freie.

῾Αρμονίη ἀφανὴς φανερῆς κρείσσων. B 54

῞Οσων ὄψις ἀκοὴ μάθησις, ταῦτα ἐγὼ προτιμέω.
B 55

᾿Εξηπάτηνται οἱ ἄνθρωποι πρὸς τὴν γνῶσιν τῶν φανερῶν παραπλησίως ῾Ομήρῳ, ὃς ἐγένετο τῶν ῾Ελλήνων σοφώτερος πάντων. ἐκεῖνόν τε γὰρ παῖδες φθεῖρας κατακτείνοντες ἐξηπάτησαν εἰπόντες· ὅσα εἴδομεν καὶ ἐλάβομεν, ταῦτα ἀπολείπομεν, ὅσα δὲ οὔτε εἴδομεν οὔτ᾿ ἐλάβομεν, ταῦτα φέρομεν.
B 56

Διδάσκαλος δὲ πλείστων ῾Ησίοδος· τοῦτον ἐπίστανται πλεῖστα εἰδέναι, ὅστις ἡμέρην καὶ εὐφρόνην οὐκ ἐγίνωσκεν· ἔστι γὰρ ἕν. B 57

Καὶ ἀγαθὸν καὶ κακὸν ἕν ἐστιν). οἱ γοῦν ἰατροὶ τέμνοντες, καίοντες πάντη ἐπαιτέονται μηδὲν ἄξιοι μισθὸν λαμβάνειν, ταὐτὰ ἐργαζόμενοι. B 58

Γναφείῳ ὁδὸς εὐθεῖα καὶ σκολιὴ μία ἐστὶ καὶ ἡ αὐτή. B 59

῾Οδὸς ἄνω κάτω μία καὶ ὡυτή. B 60

Θάλασσα ὕδωρ καθαρώτατον καὶ μιαρώτατον, ἰχ-

Mehr als sichtbare gilt unsichtbare Harmonie.

Was man sehen, hören, erfahren kann, das ziehe ich vor.

Sie lassen sich täuschen, die Menschen, im Erkennen dessen, was ihnen vor Augen liegt, ähnlich dem Homer, der weiser war als die Hellenen alle. Täuschten ihn doch die Jungen, die Läuse jagten, da sie ihm zuriefen: Die wir gesehen und gefangen haben, die lassen wir da; die wir aber nicht gesehen und nicht gefangen haben, die nehmen wir mit.

Und Lehrer der meisten ist Hesiod: sie sind überzeugt, am meisten wüßte er, der Tag und Nacht nicht kannte: sind sie doch eins!

Gut und übel ist eins). Quälen doch die Ärzte ihre Kranken mit allerlei Schneiden und Brennen und fordern noch Lohn, den sie gar nicht verdienen, denn sie wirken doch nur wieder ein und dasselbe.

Der Walkschraube Bahn, grad und krumm, ist ein und dieselbe.

Der Weg hin und her ist ein und derselbe.

Meerwasser ein sauberstes und abscheulichstes: Fi-

θύσι μὲν πότιμον καὶ σωτήριον, ἀνθρώποις δὲ ἄποτον καὶ ὀλέθριον. B 61

Ἀθάνατοι θνητοί, θνητοὶ ἀθάνατοι, ζῶντες τὸν ἐκείνων θάνατον, τὸν δὲ ἐκείνων βίον τεθνεῶτες. B 62

(ἔνθα δ' ἐόντι ἐπανίστασθαι καὶ) φύλακας γίνεσθαι ἐγερτὶ ζώντων καὶ νεκρῶν. B 63

Τὰ δὲ πάντα οἰακίζει Κεραυνός. B 64

Φρόνιμον (εἶναι) τὸ πῦρ. B 64a

Τὸ πῦρ χρησμοσύνη καὶ κόρος. B 65

(Πάντα γὰρ τὸ πῦρ ἐπελθὸν κρινεῖ καὶ καταλήψεται.) B 66

Ὁ θεὸς ἡμέρη εὐφρόνη, χειμὼν θέρος, πόλεμος εἰρήνη, κόρος λιμός· ἀλλοιοῦται δὲ ὅκωσπερ ⟨ἔλαιον⟩, ὁπόταν συμμιγῇ θυώμασιν, ὀνομάζεται καθ' ἡδονὴν ἑκάστου. B 67

Sicut aranea stans in medio telae sentit, quam cito musca aliquem filum suum corrumpit itaque illuc celeriter currit quasi de fili persectione dolens, sic hominis anima aliqua parte corporis laesa illuc festine meat quasi

schen trinkbar und gesund, Menschen untrinkbar und gefährlich.

Unsterbliche sterblich, Sterbliche unsterblich, – lebend einander ihren Tod, ihr Leben einander sterbend.

(Vor dem, der dort unten ist, stehen sie auf), sie wachen als Hüter über Lebende und Tote.

Das Steuer des Alls aber führt der Blitz.

Das Feuer ist vernunftbegabt.

Das Feuer ist Darben und Sattheit.

(Denn das Feuer wird kommen, alles zu richten und zu verdammen.)

Gott ist Tag Nacht, Winter Sommer, Krieg Frieden, Sattheit Hunger; er wandelt sich wie Öl (?): mischt sich dies mit Duftstoffen, so heist es nach dem jeweiligen Geruch.

Wie eine Spinne in der Mitte ihres Netzes spürt, sobald eine Fliege einen der Fäden zerreißt, und darum schnell herzueilt, als wäre sie besorgt um den zerrissenen Faden, so wandert die Seele des Menschen, falls ein Körperteil verletzt ist, eilends dorthin, gleichsam empört über die Verletzung des Kör-

impatiens laesionis corporis, cui firme et proportionaliter iuncta est.) B 67a

. . . ἄκεα (προσεῖπεν ὡς ἐξακεσόμενα τὰ δεινὰ καὶ τὰς ψυχὰς ἐξάντεις ἀπεργαζόμενα τῶν ἐν τῇ γενέσει συμφορῶν). B 68

(. . . τὰ μὲν τῶν ἀποκεκαθαρμένων παντάπασιν ἀνθρώπων, οἷα ἐφ᾽ ἑνὸς ἄν ποτε γένοιτο σπανίως.) B 69

Παῖδες τὰ ἀθύρματα ἄνδρες γενόμενοι ἀπέρριψαν. (τὰ ἀνθρώπινα δοξάσματα.) B 70

. . . τοῦ ἐπιλανθανομένου ᾗ ἡ ὁδὸς ἄγει. B 71

Ὧι μάλιστα διηνεκῶς ὁμιλοῦσι λόγῳ, τούτῳ διαφέρονται, καὶ οἷς καθ᾽ ἡμέρην ἐγκυροῦσι, ταῦτα αὐτοῖς ξένα φαίνεται. B 72

(Οὐ δεῖ ὥσπερ καθεύδοντας ποιεῖν καὶ λέγειν. καὶ γὰρ τότε δοκοῦμεν ποιεῖν καὶ λέγειν.) B 73

Οὐ δεῖ ὡς παῖδας τοκεώνων . . . B 74

(Τοὺς καθεύδοντας ἐργάτας εἶναι καὶ συνεργοὺς τῶν ἐν τῷ κόσμῳ γινομένων.) B 75

Ζῇ πῦρ τὸν γῆς θάνατον καὶ ἀὴρ ζῇ τὸν πυρὸς θάνατον, ὕδωρ ζῇ τὸν ἀέρος θάνατον, γῆ τὸν ὕδατος. B 76

pers, mit dem sie fest und nach bestimmtem Sinn verbunden ist.

Heilmittel (nannte er, was die Seelen entsühnt, da sie die Angst heilen und die Seelen ledig machen alles Unglücks, das in der Geburt liegt.)

(... der völlig gereinigten Menschen, wie es bei einem einzelnen wohl gelegentlich einmal vorkommen mag.)

Kinder werfen ihr Spielzeug, da sie Männer werden, fort. (Solches Spielzeug ist auch das menschliche Meinen.)

... dessen, der nicht weiß, wohin der Weg geht.

Mit dem sie am engsten verkehren, dem Sinn, von dem kehren sie sich ab, und worauf sie täglich stoßen, das erscheint ihnen fremd.

(Nicht soll man wie im Schlaf handeln und reden, – denn auch dann glauben wir zu handeln und zu reden.)

Nicht soll man als Kind seiner Eltern handeln (d.h. so wie es Herkommen ist).

(Die Schlafenden sind Tätige und Mitwirkende beim Geschehen der Welt.)

Es lebt das Feuer der Erde Tod und die Luft lebt des Feuers Tod, das Wasser lebt der Luft Tod, die Erde den des Wassers.

... ψυχῇσι τέρψιν ἢ θάνατον ὑγρῇσι γενέσθαι.
B 77

Ἦθος γὰρ ἀνθρώπειον μὲν οὐκ ἔχει γνώμας, θεῖον δὲ ἔχει. B 78

Ἀνὴρ νήπιος ἤκουσε πρὸς δαίμονος ὅκωσπερ παῖς πρὸς ἀνδρός. B 79

Εἰδέναι δὲ χρὴ τὸν πόλεμον ἐόντα ξυνόν, καὶ δίκην ἔριν, καὶ γινόμενα πάντα κατ᾽ ἔριν καὶ χρεώμενα.
B 80

Πυθαγόρης κοπίδων ἐστὶν ἀρχηγός. B 81

Πιθήκων ὁ κάλλιστος αἰσχρὸς ἀνθρώπων γένει συμβάλλειν. B 82

Ἀνθρώπων ὁ σοφώτατος πρὸς θεὸν πίθηκος φανεῖται καὶ σοφίῃ καὶ κάλλει καὶ τοῖς ἄλλοις πᾶσιν.
B 83

... μεταβάλλον ἀναπαύεται. B 84a

Κάματός ἐστι τοῖς αὐτοῖς μοχθεῖν καὶ ἄρχεσθαι.
B 84b

Seelen ist es Lust oder Tod feucht zu werden.

Denn menschliches Wesen hat keine Erkenntnisse, wohl aber göttliches.

Der Mann heißt kindisch vor Gott wie der Knabe vor dem Mann.

Zu wissen aber tut not: Der Krieg führt zusammen, und Recht ist Streit, und alles Leben entsteht durch Streit und Notwendigkeit.

Pythagoras ist der Anführer der Schwindler.

Der schönste Affe ist scheußlich im Vergleich zum Menschen.

Der weiseste Mensch erscheint neben Gott wie ein Affe an Weisheit, Schönheit und in allem sonst.

Das ätherische Feuer im menschlichen Körper) schlägt um und ruht aus.

Es macht müde, stets dem gleichen Herren zu dienen und zu gehorchen.

Θυμῷ μάχεσθαι χαλεπόν· ὅ τι γὰρ ἂν θέλῃ, ψυχῆς ὠνεῖται. B 85

. . . ἀπιστίῃ διαφυγγάνει μὴ γιγνώσκεσθαι. B 86

Βλὰξ ἄνθρωπος ἐπὶ παντὶ λόγῳ ἐπτοῆσθαι φιλεῖ. B 87

Ταὐτὸ ζῶν καὶ τεθνηκὸς καὶ ἐγρηγορὸς καὶ καθεῦδον καὶ νέον καὶ γηραιόν· τάδε γὰρ μεταπεσόντα ἐκεῖνά ἐστι κἀκεῖνα πάλιν μεταπεσόντα ταῦτα. B 88

Τοῖς ἐγρηγορόσιν ἕνα καὶ κοινὸν κόσμον εἶναι, (τῶν δὲ κοιμωμένων ἕκαστον εἰς ἴδιον ἀποστρέφεσθαι). B 89

Πυρός τε ἀνταμοιβὴ τὰ πάντα καὶ πῦρ ἁπάντων ὅκωσπερ χρυσοῦ χρήματα καὶ χρημάτων χρυσός. B 90

Σκίδνησι καὶ πάλιν συνάγει καὶ πρόσεισι καὶ ἄπεισι . . . (ἔμπεδον οὐδέν). B 91

Σίβυλλα δὲ μαινομένῳ στόματι ἀγέλαστα καὶ ἀκαλλώπιστα καὶ ἀμύριστα φθεγγομένη χιλίων ἐτῶν ἐξικνεῖται τῇ φωνῇ διὰ τὸν θεόν. B 92

Mit der Begierde zu kämpfen ist schwer; was sie will, erkauft sie mit der Seele.

Aus mangelnder Vertrautheit entgeht es (das meiste Göttliche) dem Erkennen.

Dem Blöden fährt bei jedem sinnvollen Wort der Schrecken in die Glieder.

Ein und dasselbe ist Lebendiges und Todes und Wachendes und Schlafendes und Junges und Altes; denn dies schlägt um und ist jenes, und jenes wiederum schlägt um und ist dies.

Die Wachen haben eine einzige gemeinsame Welt; im Schlaf wendet sich jeder der eigenen zu.

Für Feuer ist Gegentausch alles und Feuer für alles wie Geld für Gold und Gold für Geld.

Das, was ist,) zerstreut sich und tritt zusammen und geht heran und geht fort. (Fest ist nichts.)

Die Sibylle mit rasendem Munde Ungelachtes und Ungeschminktes und Ungesalbtes hinausrufend dringt durch Jahrtausende mit der Stimme, getrieben vom Gott.

Ὁ ἄναξ, οὗ τὸ μαντεῖόν ἐστι τὸ ἐν Δελφοῖς, οὔτε λέγει οὔτε κρύπτει ἀλλὰ σημαίνει. B 93

Ἥλιος γὰρ οὐχ ὑπερβήσεται μέτρα· εἰ δὲ μή, Ἐρινύες μιν Δίκης ἐπίκουροι ἐξευρήσουσιν. B 94

Ἀμαθίην γὰρ ἄμεινον κρύπτειν, ἔργον δὲ ἐν ἀνέσει καὶ παρ' οἶνον. B 95

Νέκυες γὰρ κοπρίων ἐκβλητότεροι. B 96

Κύνες γὰρ καὶ βαΰζουσιν ὧν ἂν μὴ γινώσκωσι. B 97

Αἱ ψυχαὶ ὀσμῶνται καθ' Ἅιδην. B 98

Εἰ μὴ ἥλιος ἦν, ἕνεκα τῶν ἄλλων ἄστρων εὐφρόνη ἂν ἦν. B 99

. . . πάντων, ἃ φέρουσιν ὧραι (sc. αἱ τοῦ βίου?) B 100 vgl. A 19

Ἐδιζησάμην ἐμεωυτόν. B 101

Der Herr, dessen das Orakel zu Delphi ist, spricht nicht aus und verbirgt nicht, sondern gibt ein Zeichen (be-deutet).

Denn die Sonne wird nicht ihre Maße überschreiten – oder die Erinyen, die Schergen der Dike, werden sie finden.

Seine Dummheit versteckt man besser, – aber es ist schwer im Entspanntsein oder beim Wein.

Leichen verdienen mehr als Mist, daß man sie wegwirft.

Denn Hunde kläffen sogar an, wen sie nicht kennen.

Die Seelen im Hades atmen Geruch ein (und nähren sich von der ätherischen Ausdünstung).

Wenn nicht die Sonne wäre, trotz der übrigen Sterne wäre Nacht.

(Die Wiederkehr?) von allem, was die Jahreszeiten (des Lebens?) bringen.

Ich habe mir selbst nachgeforscht.

᾿Οφθαλμοὶ γὰρ τῶν ὤτων ἀκριβέστεροι μάρτυρες.

B 101 a

Τῷ μὲν θεῷ καλὰ πάντα καὶ ἀγαθὰ καὶ δίκαια, ἄνθρωποι δὲ ἃ μὲν ἄδικα ὑπειλήφασιν ἃ δὲ δίκαια.

B 102

Ξυνὸν γὰρ ἀρχὴ καὶ πέρας ἐπὶ κύκλου περιφερείας.

B 103

Τίς γὰρ αὐτῶν νόος ἢ φρήν; δήμων ἀοιδοῖσι πείθονται καὶ διδασκάλῳ χρείωνται ὁμίλῳ οὐκ εἰδότες ὅτι ʽοἱ πολλοὶ κακοί, ὀλίγοι δὲ ἀγαθοίʼ. B 104

᾿Αστρολόγον τὸν ῞Ομηρον.) B 105

῾Ησίοδος ἠγνόει) φύσιν ἡμέρης ἁπάσης μίαν οὖσαν.

B 106

Κακοὶ μάρτυρες ἀνθρώποισιν ὀφθαλμοὶ καὶ ὦτα βαρβάρους ψυχὰς ἐχόντων. B 107

῾Οκόσων λόγους ἤκουσα, οὐδεὶς ἀφικνεῖται ἐς τοῦτο, ὥστε γινώσκειν ὅτι σοφόν ἐστι πάντων κεχωρισμένον. B 108

᾿Ανθρώποις γίνεσθαι ὁκόσα θέλουσιν οὐκ ἄμεινον.

B 110

Denn Augen sind genaure Zeugen als die Ohren.

Vor Gott ist alles schön, gut und gerecht; aber die Menschen wähnen, das eine sei unrecht, das andere recht.

Gleich ist Anfang und Ende auf der Kreislinie.

Denn was ist ihr Geist oder Verstand? Volkssängern glauben sie und zum Lehrer haben sie die Menge und wissen nicht, daß „die Vielen schlecht, wenige aber gut" sind.

Homer war Astrolog.)

Hesiod wußte nicht,) daß das Wesen eines jeden Tages dasselbe sei.

Schlechte Zeugen sind den Menschen Augen und Ohren, wenn die Seele deren Sprache nicht versteht.

So vieler Worte ich gehört habe, keiner kommt so weit zu erkennen, daß das Weise etwas von allem Getrenntes ist (ab-solutum).

Jeden Wunsch erfüllt zu sehen ist nicht besser für die Menschen.

Νοῦσος ὑγιείην ἐποίησεν ἡδὺ καὶ ἀγαθόν, λιμὸς κόρον, κάματος ἀνάπαυσιν. B 111

Σωφρονεῖν ἀρετὴ μεγίστη, καὶ σοφίη ἀληθέα λέγειν καὶ ποιεῖν κατὰ φύσιν ἐπᾴοντας. B 112

Ξυνόν ἐστι πᾶσι τὸ φρονεῖν. B 113

Ξὺν νῷ λέγοντας ἰσχυρίζεσθαι χρὴ τῷ ξυνῷ πάντων, ὅκωσπερ νόμῳ πόλις, καὶ πολὺ ἰσχυροτέρως. τρέφονται γὰρ πάντες οἱ ἀνθρώπειοι νόμοι ὑπὸ ἑνὸς τοῦ θείου· κρατεῖ γὰρ τοσοῦτον ὁκόσον ἐθέλει καὶ ἐξαρκεῖ πᾶσι καὶ περιγίνεται. B 114

Ψυχῆς ἐστι λόγος ἑωυτὸν αὔξων. B 115

Ἀνθρώποισι πᾶσι μέτεστι γινώσκειν ἑωυτοὺς καὶ σωφρονεῖν. B 116

Ἀνὴρ ὁκόταν μεθυσθῇ, ἄγεται ὑπὸ παιδὸς ἀνήβου σφαλλόμενος οὐκ ἐπᾴων ὅκη βαίνει, ὑγρὴν τὴν ψυχὴν ἔχων. B 117

Αὔη ψυχὴ σοφωτάτη καὶ ἀρίστη. B 118

Krankheit macht Gesundheit süß und gut, Hunger die Sattheit, Mühe die Ruhe.

Verständiges Denken ist höchste Vollkommenheit, und die Weisheit ist, Wahres zu sagen und zu tun nach dem Wesen der Dinge, auf sie hinhorchend.

Gemeinsam ist allen das Denken.

Um beim Reden Verständiges zu meinen, muß man sich stützen auf das dem All Gemeine, wie auf das Gesetz die Stadt sich stützt, und viel stärker noch. Nähren sich doch alle menschlichen Gesetze von dem Einen, dem Göttlichen: denn das herrscht soweit es will und reicht hin im All und setzt sich durch.

Die Seele hat Sinn, der aus sich heraus immer reicher wird.

Den Menschen allen ist zuteil, sich selbst zu erkennen und verständig zu denken.

Ein Mann, der trunken ist, läßt sich leiten von einem kleinen Knaben; sein Fuß ist unsicher, und er merkt nicht, wohin es geht; denn seine Seele ist feucht.

Trockene Seele – die klügste und vollkommenste.

Ἦθος ἀνθρώπῳ δαίμων. B 119

Ἠοῦς καὶ ἑσπέρας τέρματα ἡ ἄρκτος καὶ ἀντίον τῆς ἄρκτου οὖρος (⟨Ἀρκτ⟩οῦρος?) αἰθρίου Διός. B 120

Ἄξιον Ἐφεσίοις ἡβηδὸν ἀπάγξασθαι πᾶσι καὶ τοῖς ἀνήβοις τὴν πόλιν καταλιπεῖν, οἵτινες Ἑρμόδωρον ἄνδρα ἑωυτῶν ὀνήιστον ἐξέβαλον φάντες· ἡμέων μηδὲ εἷς ὀνήιστος ἔστω, εἰ δὲ μή, ἄλλη τε καὶ μετ᾽ ἄλλων. B 121

Ἀγχιβασίη. B 122

Φύσις κρύπτεσθαι φιλεῖ. B 123

Ὅκωσπερ σάρμα εἰκῇ κεχυμένον ὁ κάλλιστος κόσμος. B 124

Καὶ ὁ κυκεὼν διίσταται μὴ κινούμενος. B 125

Μὴ ἐπιλίποι ὑμᾶς πλοῦτος, Ἐφέσιοι, ἵν᾽ ἐξελέγχοισθε πονηρευόμενοι. B 125a

Ψυχρὰ θέρεται, θερμὰ ψύχεται, ὑγρὰ αὐαίνεται, καρφαλέα νοτίζεται. B 126

Die eigene Art ist des Menschen Dämon.

Des Morgens und des Abends Grenze sind die Bärin und gegenüber der Bärin der Stein, der die Umkehr des strahlenden Zeus bezeichnet (oder: der Bärenhüter = Arkturus?).

Die Ephesier sollten sich nur alle, soweit sie erwachsen sind, aufhängen und den Kindern die Stadt überlassen; haben sie doch den Hermodor, den Tüchtigsten unter ihnen, aus der Stadt gejagt mit dem Satz: von uns soll keiner der Tüchtigste sein, – höchstens wo anders und bei andern.

Herangang.

Das Wesen der Dinge versteckt sich gern.

Wie ein wüst hingeschütteter Misthaufen ist die schönste, vollkommenste Welt.

Auch der Mischtrank zersetzt sich, wird er nicht umgerührt.

Möge nie der Reichtum euch ausgehen, Ephesier, daß offenbar wird, wie verkommen ihr seid.

Kaltes erwärmt sich, Warmes kühlt ab, Feuchtes vertrocknet, Dürres wird benetzt.

Πυθαγόρης Μνησάρχου ἱστορίην ἤσκησεν ἀνθρώπων μάλιστα πάντων καὶ ἐκλεξάμενος ταύτας τὰς συγγραφὰς ἐποιήσατο ἑωυτοῦ σοφίην, πολυμαθίην, κακοτεχνίην. B 129

Πάντα ῥεῖ.) (65 A 3)

Pythagoras, Sohn des Mnesarchos, hat am meisten von allen Menschen Forschung geübt, und indem er diese Schriften zusammenlas, nahm er sie als seine eigene Weisheit, Vielwisserei und Lügenkunst.

Alles ist in Fluß.)

Γίνεσθαι δὲ ἀναθυμιάσεις ἀπό τε γῆς καὶ θαλάττης, ἃς μὲν λαμπρὰς καὶ καθαράς, ἃς δὲ σκοτεινάς. αὔξεσθαι δὲ τὸ μὲν πῦρ ὑπὸ τῶν λαμπρῶν, τὸ δὲ ὑγρὸν ὑπὸ τῶν ἑτέρων. τὸ δὲ περιέχον ὁποῖόν ἐστιν οὐ δηλοῖ· εἶναι μέντοι ἐν αὐτῷ σκάφας ἐπεστραμμένας κατὰ κοῖλον πρὸς ἡμᾶς, ἐν αἷς ἀθροιζομένας τὰς λαμπρὰς ἀναθυμιάσεις ἀποτελεῖν φλόγας, ἃς εἶναι τὰ ἄστρα. λαμπροτάτην δὲ εἶναι τὴν τοῦ ἡλίου φλόγα καὶ θερμοτάτην. τὰ μὲν γὰρ ἄλλα ἄστρα πλεῖον ἀπέχειν ἀπὸ γῆς καὶ διὰ τοῦτο ἧττον λάμπειν καὶ θάλπειν, τὴν δὲ σελήνην προσγειοτέραν οὖσαν μὴ διὰ τοῦ καθαροῦ φέρεσθαι τόπου. τὸν μέντοι ἥλιον ἐν διαυγεῖ καὶ ἀμιγεῖ κεῖσθαι καὶ σύμμετρον ἀφ᾽ ἡμῶν ἔχειν διάστημα· τοιγάρτοι μᾶλλον θερμαίνειν τε καὶ φωτίζειν. ἐκλείπειν τε ἥλιον καὶ σελήνην ἄνω στρεφομένων τῶν σκαφῶν· τούς τε κατὰ μῆνα τῆς σελήνης σχηματισμοὺς γίνεσθαι στρεφομένης ἐν αὐτῇ κατὰ μικρὸν τῆς σκάφης. ἡμέραν τε καὶ νύκτα γίνεσθαι καὶ μῆνας καὶ ὥρας ἐτείους καὶ ἐνιαυτοὺς ὑετούς τε καὶ πνεύματα καὶ τὰ τούτοις ὅμοια κατὰ τὰς διαφόρους ἀναθυμιάσεις. τὴν μὲν γὰρ λαμπρὰν ἀναθυμίασιν φλογωθεῖσαν ἐν τῷ κύκλῳ τοῦ ἡλίου ἡμέραν ποιεῖν, τὴν δὲ ἐναντίαν ἐπικρατήσασαν νύκτα ἀποτελεῖν· καὶ ἐκ μὲν τοῦ λαμπροῦ τὸ θερμὸν αὐξόμενον θέρος ποιεῖν, ἐκ δὲ τοῦ σκοτεινοῦ τὸ ὑγρὸν πλεονάζον χειμῶνα ἀπεργάζεσθαι. ἀκο-

BERICHTE ÜBER HERAKLITS LEHRE

Es gehen Ausdünstungen von der Erde aus und vom Meere, die einen hell und klar, die anderen dunkel. Es nährt sich das Feuer von den hellen, das Feuchte aber von den anderen. (Den umgebenden Raum beschreibt Heraklit nicht näher.) Aber dort sind Schalen, die mit ihrer Höhlung zu uns gekehrt sind, in denen sammeln sich die hellen Dünste und werden Flammen: das sind die Sterne. Am hellsten ist die Flamme der Sonne und am wärmsten. Denn die übrigen Gestirne sind weiter von der Erde entfernt und leuchten und wärmen darum weniger. Der Mond aber ist zu dicht an der Erde, so daß er nicht durch die klare Region geht. Die Sonne jedoch schwebt im Durchsichtigen und Ungetrübten und hat gerade die richtige Entfernung von uns. Deswegen leuchtet und wärmt sie stärker. Sonnen- und Mondfinsternisse entstehen dadurch, daß die Schalen sich nach oben drehen. Die monatlichen Phasen des Mondes entstehen dadurch, daß sich bei ihm die Schale langsam dreht. Tag und Nacht entstehen und Monate, Jahreszeiten und Jahre, Regen und Winde und so weiter je nach den verschiedenen Ausdünstungen. Denn der helle Dunst, der in dem Schalenrund der Sonne brennt, läßt es Tag sein; herrscht aber der entgegengesetzte Dunst vor, so wird Nacht. Aus dem Hellen nun nimmt die Wärme zu und macht den

λούθως δὲ τούτοις καὶ περὶ τῶν ἄλλων αἰτιολογεῖ. περὶ δὲ τῆς γῆς οὐδὲν ἀποφαίνεται ποία τίς ἐστιν, ἀλλ' οὐδὲ περὶ τῶν σκαφῶν. A 1, 9–10

Βροντὴν μὲν κατὰ συστροφὰς ἀνέμων καὶ νεφῶν καὶ ἐμπτώσεις πνευμάτων εἰς τὰ νέφη, ἀστραπὰς δὲ κατὰ τὰς τῶν θυμιωμένων ἐξάψεις, πρηστῆρας δὲ κατὰ νεφῶν ἐμπρήσεις καὶ σβέσεις. A 14

Τοῦτον οὖν τὸν θεῖον λόγον δι' ἀναπνοῆς σπάσαντες νοεροὶ γινόμεθα, καὶ ἐν μὲν ὕπνοις ληθαῖοι, κατὰ δὲ ἔγερσιν πάλιν ἔμφρονες. . . . ὅνπερ οὖν τρόπον οἱ ἄνθρακες πλησιάσαντες τῷ πυρὶ κατ' ἀλλοίωσιν διάπυροι γίνονται, χωρισθέντες δὲ σβέννυνται, οὕτω καὶ ἡ ἐπιξενωθεῖσα τοῖς ἡμετέροις σώμασιν ἀπὸ τοῦ περιέχοντος μοῖρα κατὰ μὲν τὸν χωρισμὸν σχεδὸν ἄλογος γίνεται, κατὰ δὲ τὴν διὰ τῶν πλείστων πόρων σύμφυσιν ὁμοιοειδὴς τῷ ὅλῳ καθίσταται. A 16

Βίου περίοδος γενεά, ἐνιαυτῶν οὖσα τριάκοντα, καθ' ὃν χρόνον σπεῖρον παρέχει τὸ ἐξ ἑαυτοῦ σπαρὲν ὁ γεννήσας. A 18, 19 (e recensione Caroli Reinhardt)

Sommer, aus dem Dunklen wird die Feuchtigkeit größer und läßt Winter werden. (Dementsprechend erklärt Heraklit auch die übrigen Naturerscheinungen. Aber über die Beschaffenheit der Erde läßt er sich nicht aus, und auch nicht über die der Schalen.)

Der Donner entsteht aus dem Zusammenprall von Winden und Wolken und aus dem Einfall von Luftströmen auf die Wolken, die Blitze aus Entzünden der Dünste, das Wetterleuchten aus dem Brennen und Verlöschen der Wolken.

... dadurch, daß wir diesen göttlichen Logos einatmen, werden wir vernunftbegabt; im Schlaf schwindet unser Bewußtsein, aber beim Erwachen kehrt es zurück. ... Wie nun Kohlen in der Nähe von Feuer sich ändern und glühend werden, in größerer Ferne aber wieder verlöschen, so wird auch der in unseren Körpern aufgenommene Teil des Allgemeinen nach der Trennung beinah vernunftlos, nach der Öffnung der meisten Poren aber wieder dem Ganzen gleichartig.

Die Generation ist der Kreis der Lebenszeit, nämlich die 30 Jahre, nach denen der Erzeuger das von ihm Gezeugte zeugend sein läßt.

Ἐκ μυρίων ὀκτακοσίων ἐνιαυτῶν ἡλιακῶν τὸν μέγαν ἐνιαυτὸν εἶναι. A 13

Τὴν εὐαρέστησιν τοῦ βίου τέλος εἶναι. A 21

Ἐπιτιμᾷ τῷ ποιήσαντι· ‛ὡς ἔρις ἔκ τε θεῶν καὶ ἀνθρώπων ἀπόλοιτο.᾽ οὐ γὰρ ἂν εἶναι ἁρμονίαν μὴ ὄντος ὀξέος καὶ βαρέος οὐδὲ τὰ ζῷα ἄνευ θήλεος καὶ ἄρρενος ἐναντίων ὄντων. A 22

Aus 10800 Sonnenjahren (= 360 Generationen) besteht das Große Jahr.

Die Wohlgemutheit ist das Ziel des Lebens.

Heraklit) verhöhnt den Dichter der Verse: „Schwände doch jeglicher Streit aus dem Leben der Götter und Menschen" (Homer, Ilias XVIII 107). Denn es gäbe keine Harmonie, wenn es nicht hoch und tief gäbe, und kein Lebewesen, wenn nicht die Gegensätze weiblich – männlich wären.

ΒΙΟΣ

Ἡράκλειτος ἤκμαζε μὲν κατὰ τὴν ἐνάτην καὶ ἑξηκοστὴν ὀλυμπιάδα ... ἐτελεύτα δὲ βιοὺς ἔτη ἑξήκοντα. A 1, 1

Ἀνέθηκε δ' αὐτὸ (τὸ φερόμενον αὐτοῦ βιβλίον) ἐς τὸ τῆς Ἀρτέμιδος ἱερόν ... A 1, 5

... ἐκχωρῆσαι τἀδελφῷ τῆς βασιλείας. A 1, 6

Ἀξιούμενος δὲ καὶ νόμους θεῖναι πρὸς τῶν Ἐφεσίων ὑπερεῖδε διὰ τὸ ἤδη κεκρατῆσθαι τῇ πονηρᾷ πολιτείᾳ τὴν πόλιν. A 1, 2

Ἡράκλειτος γὰρ ὁ Βλύσωνος Μελαγκόμαν τὸν τύραννον ἔπεισεν ἀποθέσθαι τὴν ἀρχήν. A 3

... καθάπερ Ἡράκλειτος λέγεται πρὸς τοὺς ξένους εἰπεῖν τοὺς βουλομένους ἐντυχεῖν αὐτῷ, οἳ ἐπειδὴ προσιόντες εἶδον αὐτὸν θερόμενον πρὸς τῷ ἰπνῷ ἔστησαν, — ἐκέλευε γὰρ αὐτοὺς εἰσιέναι θαρροῦντας· εἶναι γὰρ καὶ ἐνταῦθα θεούς ...

A 9

... φασὶ δ' Εὐριπίδην αὐτῷ (Σωκράτει) δόντα τὸ Ἡρακλείτου σύγγραμμα ἐρέσθαι 'τί δοκεῖ'; τὸν δὲ φάναι 'ἃ μὲν συνῆκα, γενναῖα· οἶμαι δὲ καὶ ἃ μὴ συνῆκα· πλὴν Δηλίου γέ τινος δεῖται κολυμβητοῦ'. A 4

NACHRICHTEN ÜBER HERAKLIT

Heraklit stand in der Blüte seiner Jahre um die 69. Olympiade (504–501). Er starb im Alter von 60 Jahren.

Die von ihm erhaltene Schrift legte er in dem Dianatempel (zu Ephesus) nieder.

Er trat an seinen Bruder das Priesterkönigtum ab.

Als er von den Ephesiern gebeten wurde, ihnen Gesetze zu geben, lehnte er es ab, weil schon die schlechte Verfassung (die Demokratie) Macht über die Stadt bekommen hätte.

Denn Heraklit überredete den Tyrannen Melankomas abzudanken.

... genau wie Heraklit zu den Fremden gesagt haben soll, die ihn besuchen wollten, aber, als sie herzukamen und sahen, wie er sich in einem Backofen wärmte, davor stehen blieben, – da forderte er sie nämlich auf, getrost hereinzukommen, denn auch dort seien Götter.

Es heißt, Euripides hätte dem Sokrates die Schrift des Heraklit gegeben und gefragt: „Was hältst du davon?" Da hätte der geantwortet: „Was ich verstanden habe, ist vortrefflich, – ich bin überzeugt, auch, was ich nicht verstanden habe. Aber es bedarf eines delischen Tauchers."

NACHWORT

In der Ilias Homers spricht Hera die Worte (14,200):

„Denn ich gehe zu schauen die Grenzen der nährenden Erde,
Den Okeanos, Ursprung der Götter, und Tethys, die Mutter".

An diese Verse knüpft Thales von Milet, der erste griechische Philosoph, an, indem er erklärt, das Wasser sei der Anfang (ἀρχή) der Dinge, und die Erde sei vom Wasser umschlossen: sie schwimme auf dem Wasser wie ein Stück Holz. Dagegen wendet Anaximander ein, etwas, das „Grenzen" hätte, könne nicht Anfang und Urgrund der Dinge sein, und so setzt er das Unbegrenzte (ἄπειρον) als Arche. Unbegrenzt heißen zwar bei Homer Land und Meer, weil sie sich grenzenlos vor dem Menschen ausbreiten. Aber Anaximander nimmt das Wort im strengen Sinn: Das Unbegrenzte, so meint er, umschlösse alles Sein, und aus diesem ewigen Unbegrenzten schieden sich die Gegensätze kalt und warm, trokken und feucht aus, und so entstände das Einzelne, Begrenzte. Anaximenes, der Schüler Anaximanders, kehrt wieder zu der Meinung zurück, ein bestimmter Stoff müsse das Prinzip der Dinge sein: er wählt die Luft. Dem Einwand Anaximanders begegnet er dadurch, daß er annimmt, durch Verdünnung entstände aus der Luft Feuer, durch Verdickung Wind, dann weiter Wolken, Wasser, Erde und schließlich Stein.

Hier setzt Heraklit ein. Aber die naturwissenschaftliche Wendung, die das Denken bei Anaximander genommen hat, läßt er beiseite. Nicht der Prozeß der sich wandelnden Substanz ist ihm das Wesentliche, sondern (und darin knüpft er wieder an Anaximander an) die Gegensätzlichkeit aller Erscheinungen. Das Denken über die Gegensätze in der Welt vertieft sich ihm aber gewaltig dadurch, daß er Motive aus der archaischen Lyrik aufnimmt. Den frühgriechischen Lyrikern (Archilochos, Sappho u. a.) hatte sich die neue Dimension des Geistig-Seelischen geöffnet. Im Bewußtsein zwiespältiger Empfindungen hatten sie die Spannung, Intensität und Tiefe des Seelischen entdeckt, damit hatte sich das Geistige als etwas prinzipiell anderes – und zugleich Wesentlicheres – von dem Leiblichen abgehoben, und ihnen war damit aufgegangen, daß das Geistig-Seelische über die Bindung an Einzeln-Körperliches hinausgreifen kann, daß gleicher Geist Verschiedene und Verschiedenes erfüllen kann. Dies Geistig-Seelische macht Heraklit als erster zum Prinzip der Welt und damit schreitet er entschlossen fort von der Kosmologie zur Metaphysik. Seine Nähe zur Lyrik zeigt er vor allem darin, daß ihm die Gegensätze der Welt stets empfundene, d.h. „lebendige" Gegensätze sind: Das Eine wird zum Andern nicht in einem integrierbaren Prozeß des Übergangs, sondern der Tod des Einen ist die Geburt des

Anderen. Die radikale Gegensätzlichkeit aller Erscheinungen aber ist aufgehoben in dem Sinn und der Bedeutung solchen lebendigen Spiels; diese geistige Einheit des Kosmos faßt Heraklit als „sinnvolles Wort“ (Logos), als „das Eine Weise“, das dem Weisen allein verständlich und in seinem „sinnvollen Wort“ kündbar ist. Auf dies Eine weist er immer wieder die Menschen, die im Irdischen befangen sind: es gilt wach zu sein, um die Rätselhaftigkeit des Kosmos zu verstehen, um die Doppeldeutigkeit dieser Welt, die doch Eine ist, zu begreifen. Im Kosmos herrscht das feinste, das geistähnlichste Element, das Feuer, das da ist, indem es vergeht, dessen Leben – wie alles Leben – sein Sterben ist, das Vergänglich-Ewige. Wenn Heraklit sich selbstgewiß und stolz abkehrt von den Vielen, die diesen „Sinn“ nicht verstehen, so ist das keine Eitelkeit, sondern Enttäuschung; ihm geht es um das „Allgemeine“, nicht um seine Person.

Das Buch Heraklits ist uns nicht erhalten. Nur Bruchstücke sind uns dadurch bewahrt, daß spätere Schriftsteller, von Platon und Aristoteles an bis zu den Christen Clemens und Hippolyt, ihn zitieren. Fast allein die im genauen Wortlaut überlieferten Sätze Heraklits haben für uns Wert. Die übrigen Berichte, die seine Lehre beschreiben wollen, tragen meist Fremdes hinein. Die Stoiker sahen Heraklit als einen der Ihren an und fanden in ihm ihr ganzes System. Ähnlich deutete ihn schon die Sophistik als Relativisten, die Skeptik als Skeptiker, und Hippolyt sah gar in ihm den Vorläufer der ketzerischen Noetianer. All dies Fremde, vor allem das, was aus wörtlich erhaltenen Zitaten herausgesponnen ist, wurde in der vorliegenden Ausgabe beiseite gelassen; was nur zweifelhaft original ist, wurde in Klammern gesetzt. Manches bleibt jedoch unsicher. Da der Versuch aussichtslos ist, den Aufbau der Heraklitschrift wiederzugewinnen, ist die Ordnung beibehalten, die Hermann Diels in den „Vorsokratikern" durchgeführt hat (die Nummern hinter den griechischen Sätzen beziehen sich auf seine Ausgabe[1]).

Der Einfluß Heraklits ragt weit in die neue Zeit, in die theologische Spekulation (man denke etwa an die coincidentia oppositorum des Nicolaus

[1]) Die Fragmente der Vorsokratiker, griechisch und deutsch, von Hermann *Diels,* 6. verbesserte Auflage von W. *Kranz,* Berlin 1951. Für die Revision der vorliegenden Ausgabe waren mir vor allem hilfreich die Arbeiten von K. *Reinhardt* (Vermächtnis der Antike 1960, p. 41–100) und H. *Fränkel* (Wege und Formen 1955 [²1960], p. 237–283 und Dichtung und Philosophie ²1962, p. 422–453). Zum Text von fr. 120 vgl. Ch. H. *Kahn,* Am. Philos. Qu. I, 1964, p. 9; zu dem von fr. 126 Giselda L. *Calabró,* Boll. del Com. per la prep. della Ediz. Naz. dei Class. Gr. e Lat. NS XII 1964, p. 68.

v. Cues), in die moderne Dialektik (z.B. bei Hegel) und in alle romantische Naturphilosophie (gelegentlich bis in den Stil hinein wie bei Novalis), während die Naturwissenschaft an Heraklit vorbeigeht. Aber wenn z.B. Goethe sich nicht durch Newton hat ausreden lassen wollen, daß die Farben auch als sichtbare Farben bestimmten Gesetzlichkeiten unterstehen, daß sie nicht nur dann wissenschaftlich zu behandeln seien, wenn man ihr Farbe-Sein auf mathematische Größen reduziert, wenn er also die Farben als Phänomene nahm und die Gesetze ihrer Gegensätze suchte, so leben darin heraklitische Motive nach. Und wie stark sich Goethe von Heraklit berührt fühlte, zeigt auch seine Lyrik, zeigen zumal zwei späte Gedichte, deren Titel schon an Heraklit anknüpfen:

„Eins und Alles"

. . . Das Ew'ge regt sich fort in allen;
Denn alles muß in Nichts zerfallen,
Wenn es im Sein beharren will.

„Dauer im Wechsel"

. . . Und was sich an Jener Stelle
Nun mit einem Namen nennt,
Kam herbei wie eine Welle,
Und so eilt's zum Element.

Laß den Anfang mit dem Ende
Sich in Eins zusammenziehn!
Schneller als die Gegenstände
Selber dich vorüberfliehn!
Danke, daß die Gunst der Musen
Unvergängliches verheißt:
Den Gehalt in deinem Busen
Und die Form in deinem Geist.

Parmenides, Die Anfänge der Ontologie, Logik und Naturwissenschaft

ed. Ernst Heitsch. 208 Seiten

Philogelos, Der Lachfreund

Antike Sammlung von 265 Witzen, ed. A. Thierfelder. 320 Seiten

Philostratos, Die Bilder

ed. Otto Schönberger. 492 Seiten

Pindar, Siegesgesänge und Fragmente

ed. Oskar Werner. 576 Seiten

Platon, Briefe

ed. Willy Neumann, überarbeitet von Jula Kerschensteiner. 236 Seiten

Platon, Ion

ed. Helmut Flashar. 72 Seiten

Platon, Phaidros

ed. Wolfgang Buchwald. 192 Seiten

Prokop, Werke

ed. Otto Veh. 5 Bände mit ca. 2952 Seiten

Rüdiger (ed.), Griechische Gedichte

320 Seiten

Sophokles, Tragödien und Fragmente

ed. W. Willige, überarbeitet von Karl Bayer. 1052 Seiten

Xenophon, Hellenika

ed. Gisela Strasburger. 832 Seiten